U0880197

景德
鎮[illegible]

本书出版特别鸣谢稻房提供藏品

豐澤園

“7501”釉下五彩创烧瓷

“风雨送春归，飞雪迎春到。已是悬崖百丈冰，犹有花枝俏。俏也不争春，只把春来报。待到山花烂漫时，她在丛中笑。”

心中默默吟着这首词，不同以往的心境。盯着眼前这枚釉下红梅翠竹盖碗，手捧着这白如玉、薄如纸、明如镜、声如磬的器身，一股清透感迎面袭来，如此柔润的红梅色泽是我以往那么多年在瓷器的收藏和研究过程中不曾见过的，亦是不敢想象的：花朵简洁而高贵，端庄而不失秀丽，浓郁而不失清雅，最难得的是，如此晶莹剔透、珠圆玉润的宝贝儿竟诞生于1400℃超高温的窑火之中，真乃凤凰涅槃——而现在，它正在我的手中！

这只小碗承载着历史，承载着已不能再现的技艺和原料，承载着一位领袖的精神——它正是被誉为“7501工程”的主席专用瓷。它们曾经的主人不是别人，正是那位将红梅深意道破的一代伟人——毛泽东。

当年，毛泽东以其独特的人格魅力成就了一种不容置疑的敬仰。人们发自内心地爱戴他，这对他们来说是一份无上的光荣与信任。像我这个年纪的人，都深有体会。“7501工程”中的这些专用瓷正是那个特殊年代的产物。

晚年的毛泽东，就像普通老年人一样，对食物的消化有一定要求，加上一身傲骨的他仍坚持工作，因此，他的生活秘书便根据主席的习惯对餐具提出了具体的要求，比如毛泽东喜好菜汤泡饭，需要容量大的餐具，都需带盖，不然在传递过程中不容易保温、防尘，等等。基于细微的观察和周到的考量，生活秘书提议为晚年毛泽东设计烧造一套专用瓷器。在当时，谁也未曾想到这个想法会给整个陶瓷业带来一次重大的复兴与升华，我的收藏生涯也因此获得了一次巨大的转折和新的启示。

毛泽东生活用瓷的制作任务始于1975年初，取代号为“7501”。学究们会扳着指头儿跟我一一列举：釉上彩有明成化的五彩、清雍正的珐琅彩、清乾隆的洋彩；釉下彩有元青花、明洪武的釉里红……这些制瓷工艺足以对世界艺术史产生深远影响，并且在世界上任何一家博物馆代表中国瓷器作为镇馆之宝。然而，中国瓷器这一重大复兴怎么会发生在多年之后的新中国的70年代呢？

答案就藏匿于这将釉彩的种种经典和璀璨集于一身的精品之中——眼前的“7501”釉下五彩瓷。

从历史的必然性来说，百花齐放、百家争鸣之后，必有集大成者出现，制瓷的历史也不例外。这个集大成者就是“7501”。当年对景德镇的要求是“能代表当代中国制瓷工艺的最高水平”。景德镇人用“求止于至善”的精神，将一切技术指标都定在世界先进水平的基础上，在艺术造诣上，不仅要能与以往的专用瓷媲美，还要符合毛泽东的文人精神和人格魅力。

“7501”由釉下红梅纹、釉下芙蓉纹、釉上水点桃花纹、釉上水点红梅纹和釉上翠竹红梅纹五种纹样组成。其中，釉下红梅纹、

伟大的中国共产党万
不胜的毛泽东思想

釉下芙蓉纹为釉下五彩，而“7501”的釉下五彩是继承釉下彩的烧制工艺和釉上彩的装饰工艺创烧出来的。釉上彩是胎、彩两次烧成，而釉下五彩则是胎、彩一次烧成，窑温须达到1400℃，大大突破了传统的1280℃～1320℃的烧制温度。

为了能够满足这样的高温烧制成品的条件，难度就不仅仅局限于烧制这一个层面上，而是涉及从选取稀有的优质高岭土作为材料，到器型设计、成型利胚、花样绘制、专门特制烧制用的高铝匣体等多个环节，每一道工序都凝结了大师们的心血和技艺。就拿现在这枚红梅盖碗来说吧，红梅的颜色鲜亮淡雅，不同于以往那种暗沉红色，而烧制这种淡雅的梅红色，需要一种用黄金作色剂的颜料，称“金红”，也叫做“洋红”。它是一种中温釉，烧成温度在1100℃～1200℃之间。“7501”要烧到1400℃，为使金红颜料能耐高温，必须对原有配方进行调整，虽无成法可依，但是景德镇人最后还是做成了这碗身上淡雅的梅红色。

“7501”在制瓷历史上是前无古人的重大工程，以现今人员备置与技术环境，可能不会再有来者。可以说，“7501”中的釉下五彩瓷是瓷的制作的最高境界，是里程碑。

再者，从历史的偶发性来说，偶然总能促成历史性的事物与时刻的出现。“7501”的出现即是一次偶然。作为毛泽东的专用瓷，它有着它绝对的地位和价值，为符合专用的要求，势必集中最好的工艺师、美工师以及最好的烧制技艺与图纹设计，这样的时期与制作环境再也无法复制，人才、技术资源再也无法像制作“7501”时这般集中，可以说“就这么一次了”。

当我遇上“7501”的时候，我便想着不能让中国陶瓷史“断档”，要改变人们以往对于当代瓷的不屑一顾。我看中的这瓷器的价值，不只是高超而难以复制的技艺、特殊而复杂的文化背景、历史文化的积淀与传承，更让我珍惜的是对于未来的展望。任何人或者任何收藏机构都不可能像我这样拥有这么多数量，并且是完整的同一时期的专用瓷。

2002年的西郊研讨会，我请来当年的发起者、参与者、制作者，是为“7501”正名，为历史留下证据。当国外头版新闻报导“7501”时，我的自豪无法言表。日本邀我去巡展，“7501”作为国内首个被批准在海外展出的文物展，更是史无前例的。当我远渡重洋，来到他国时，看到人们对于我收藏的瓷器如此欣赏，如此喜爱，让我更坚定了自己的判断，也让我看到了未来当代中国瓷的收藏前景。

作为收藏者，我在发现“7501”的价值的同时，是多么地希望能邀请人们一同来欣赏它、珍视它！在海外得到的肯定，并不能满足我作为华夏子孙的骄傲，重要的是你们，我想要与你们一起见证这一传世至宝的魅力，一同弘扬这绚烂的杰出艺术成就，这是我一大夙愿与决心，也是我收藏深意之所在。

张曙阳

惜秦皇汉武略输文采唐
宗宋祖稍逊风骚一代天骄
成吉思汗只识弯弓射大
雕俱往矣数风流人物还
看今朝
毛泽东

沁园春

北国风光千里冰封万里
雪飘望长城内外惟余莽
莽大河上下顿失滔滔山
舞银蛇原驰蜡象欲与天
公试比高须晴日看红装
素裹分外妖娆江山如此

历经几千年，中华瓷文化已升华至难以超越之巅。但就在1975年，一批送进中南海的专用瓷却颂出了一段惊世绝唱—7501毛瓷。该批瓷器承载着人民对主席的崇敬，以一种难以复制的姿态登上了近代瓷器创作的巅峰，服务于中美领导人的会谈，陪伴我们的伟大领袖走完最后的人生。

随思想的解放、社会的发展，这套专用瓷得以解封，作为职工福利流入百姓家。近年来，瓷器逐步进入市场竞争机制，身价倍增。而毛瓷汇集艺术性、工艺性、历史性于一身，必然天价于市。毛瓷收藏者凭借其与众不同的敏感，把握住了这未知的潜力和价值。尽管收藏过程尤为艰难，但为这套珍品留粹于国，收藏者执着探访，斥以巨资，最终使这套震撼世界的极品毛瓷得以留驻上海，展列于“张稻房博物馆”，以现代瓷器工艺的最高水平向世界展示中华民族审美艺术之骄傲！

目录

7501毛主席专用瓷，优选江西抚州临泉高岭土作原料，该瓷土风化极佳，制瓷质坚且晶莹，釉白度、透明度及理化性能均属上乘。整套瓷器走高白釉路线，白里泛青，光泽柔和。器面点花分釉上水点桃花与釉下水点梅花两种，设计绘图集当代瓷绘艺术家之大成，众多著名的陶瓷艺术家当年皆倾注心力于此项工作，其中包括珠山八友的后代和传人以及其他实力巨匠：王锡良、汪桂英、刘平、徐亚凤、戴荣华、康家忠 辛青山、彭兆贤等人。在器型设计上，继承了明朝正德官窑瓷器的端庄大方，再加以实用性改进，以配合主席的生活习惯，展现毛瓷独有的特色。此外，接近机械化标准的手工利胚，超过 1400℃ 的入窑烧制，特批研制的彩绘颜料……诸多尖端配置元素缺一不可地汇聚成了7501毛瓷不可复制的绝唱。

7

5

0

1

薄如纸

白

如玉

明
如镜

声

如磬

釉下红梅小文具——笔洗

器型规整，腹鼓而饱满，胎体质薄轻巧，釉色润白如玉，迎光而视，透光温润匀净，尽显巧夺天工于薄透之间。梅枝盘器而生，工、艺交融，堪称瓷艺极品。

柒佰零一

景德鎮製

釉下红梅小文具——笔洗

釉下红梅小文具——搁手

器型平整，两边弧形器脚精致玲珑，弧面圆润莹白。器面绘以迎雪红梅，顺枝而放，疏密有致，端庄祥和之中散发出阵阵诗情画意。

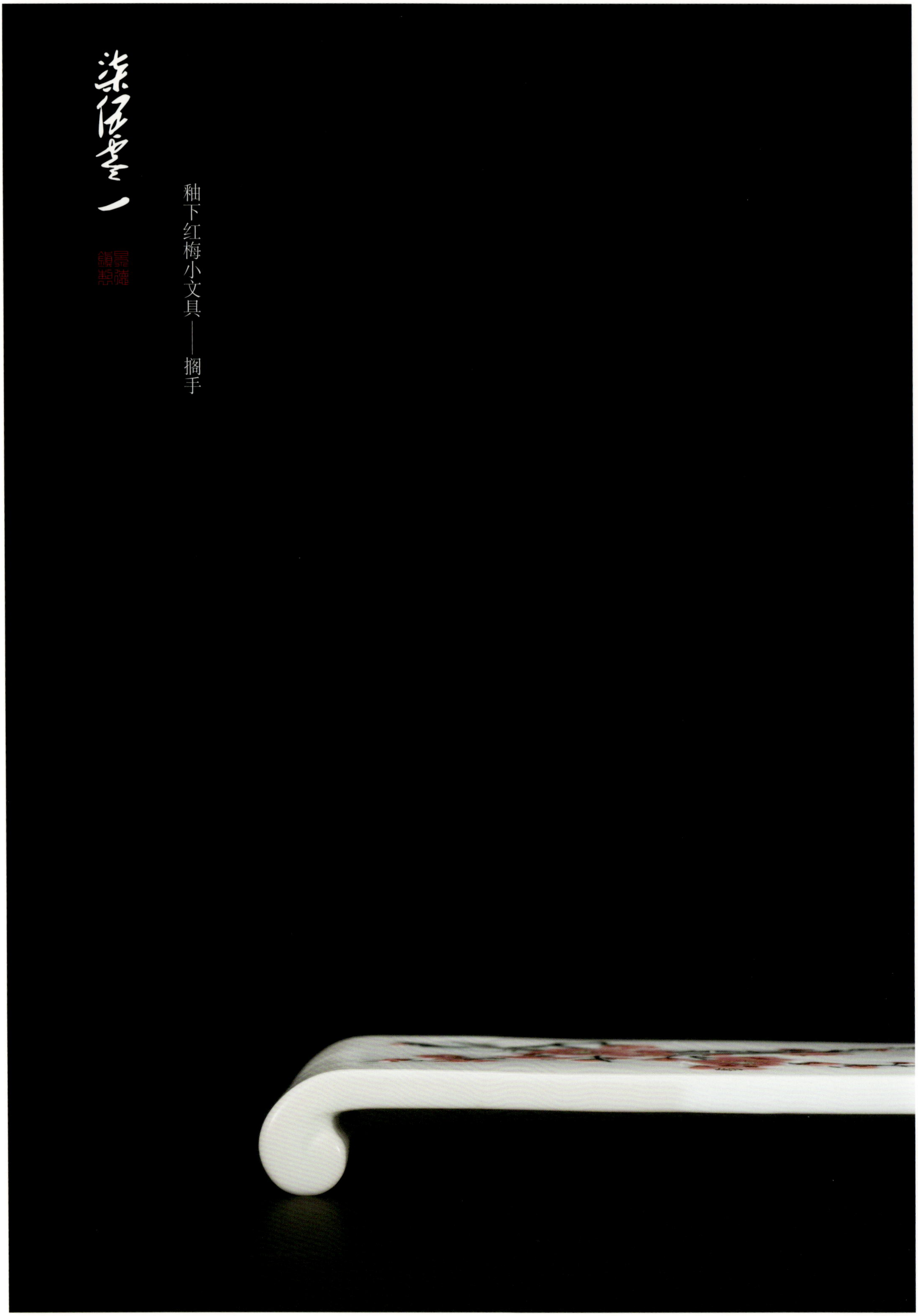

釉下红梅小文具——搁手

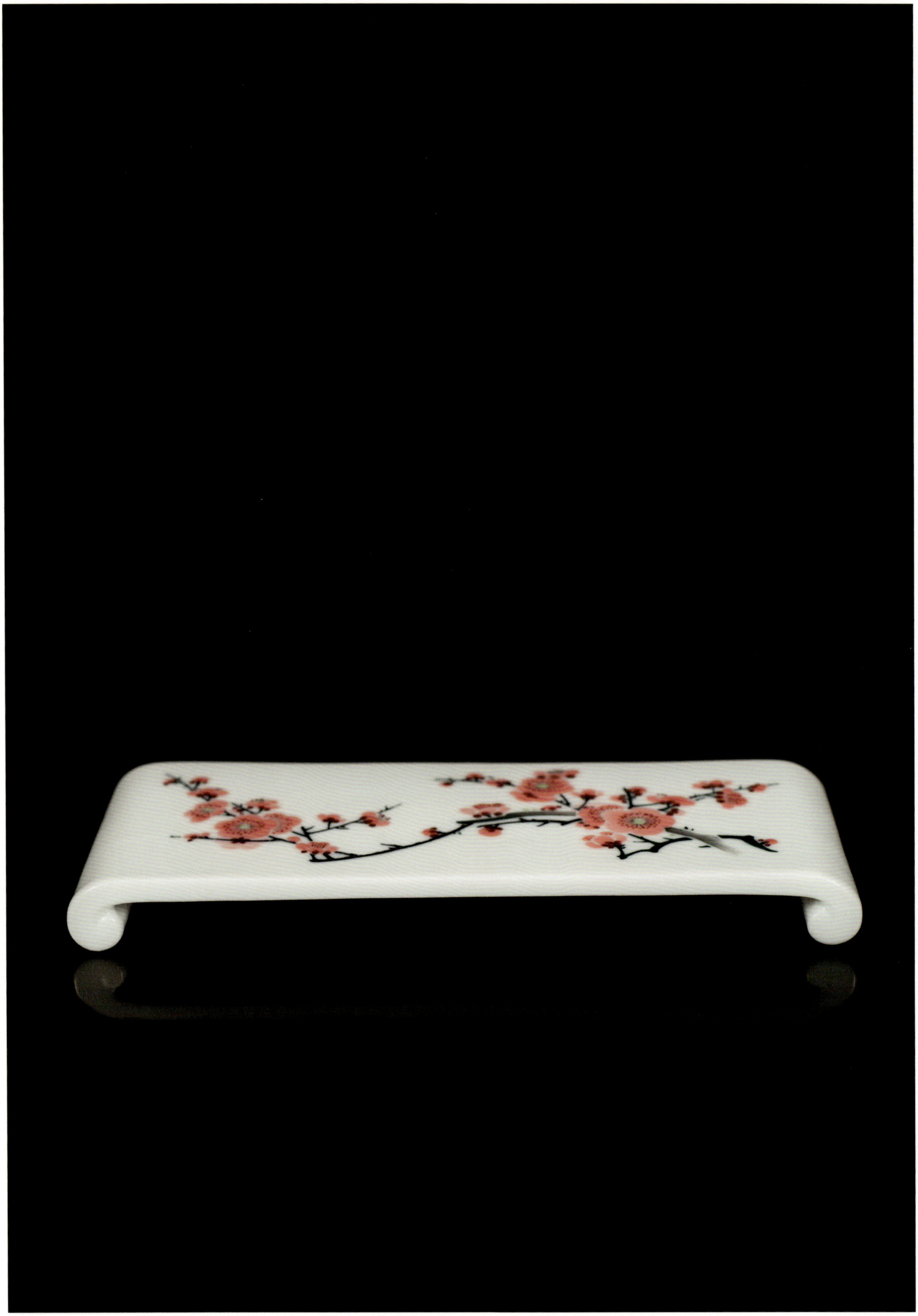

釉下红梅小文具——印泥盒

器型通体圆润，盒盖与盒身细致吻合，线条流畅。数朵寒梅迎盒盖之弧度婀娜绽放，落落大方，文静素雅而不失庄重大气。

柒佰叁一

景德镇制

釉下红梅印小文具——印泥盒

釉下红梅小文具——笔舔

器皿坚薄细腻，敞口浅腹，造型典雅，白釉润泽如腻脂，配以寒梅笑傲其上，精致玲珑又不失大气、浪漫，梅吐芬芳之间，尽显浓郁诗意。

釉下红梅酒杯

酒杯口沿向外微折，玲珑精致，胎壁薄如纸片，轻叩则声响悦耳清脆。杯身釉面细密洁白，釉色肥润莹亮，杯壁白里泛青，迎光而照，清澈剔透，加之粉梅点点，不失为酒器中之极品。

釉下红梅醋壶

高白釉壶身白里泛青，配以釉下红梅花面，晶莹如玉。壶身纤丰得体，壶盖缀以珠钮，小巧精致。壶柄与壶嘴线条相称，极显传统文化之气息。

柒伍零一

景德鎮製

釉下红梅醋壶

釉下红梅酱油壶

壶体饱满，釉质光洁如腻脂，壶颈自然内收，配以精致珠钮壶盖，兼具容量及纤巧于一身。壶身配以釉下翠竹红梅，尤显庄重，美观大方。

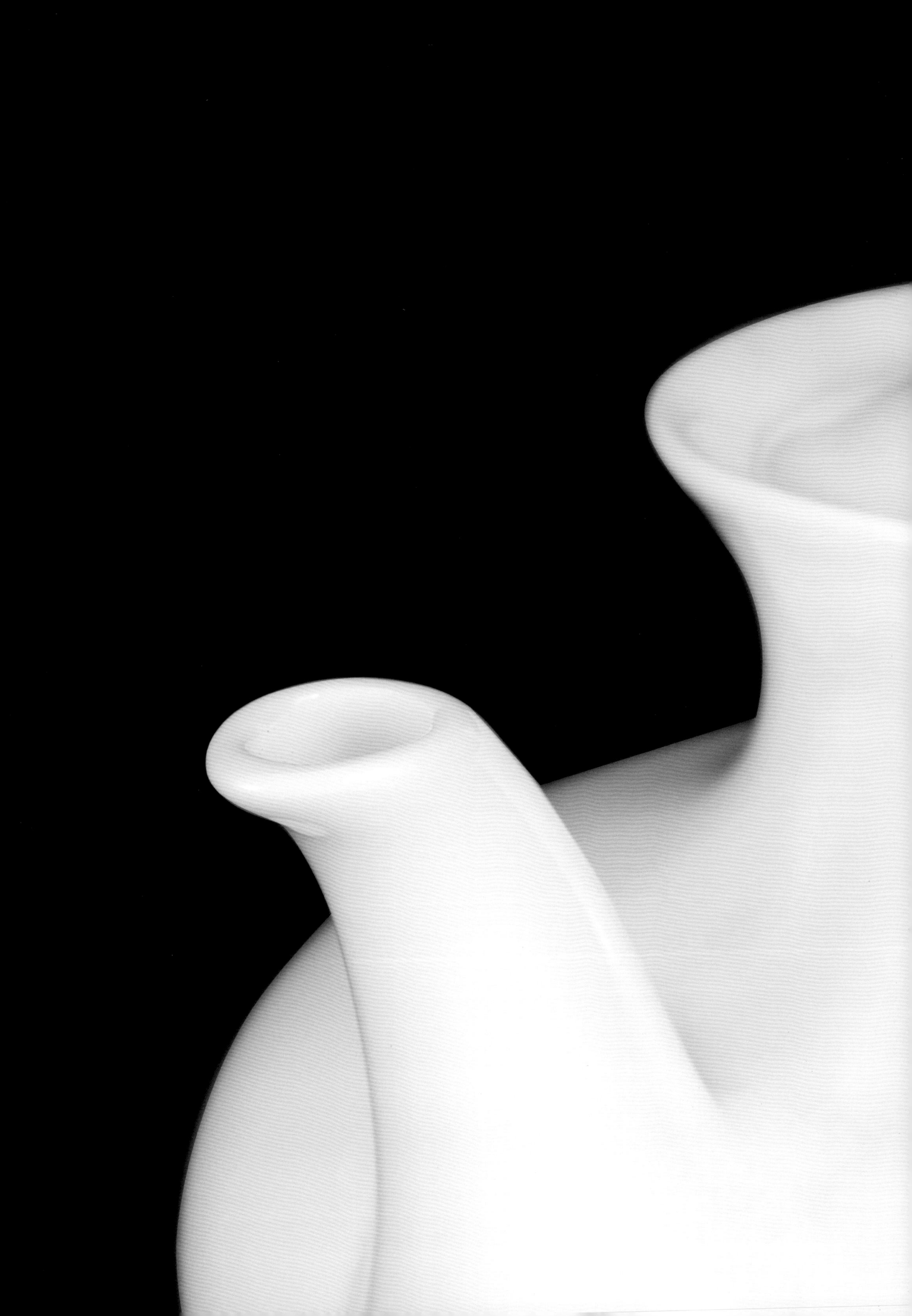

釉下红梅酱油壶

釉下红梅胡椒筒

枝头写意的朵朵梅花环饰于瓶身，衬托出瓶体线条的流畅饱满。撒粉口呈六角状分布于顶端，细致均匀。瓶身小巧精致同时又不失美观大方。

釉下红梅牙签筒

罐型规整浑圆，罐底呈圆盘状外铺，盘面向上无缝连接罐身，配套以红梅周绕之罐盖，梅外而『竹』内，极富生活情趣，巧妙集合实用与艺术于一体。

釉下红梅酱油碟

碟身小巧精致，瓷面洁白腴润，如玉般的白釉愈发衬出纹饰的清雅祥和。或点以梅枝缠绕碟周，或绘以红梅怒放碟中，留白得当，尽显诗情画意。

柒伍壹

釉下红梅酱油碟

釉下红梅汤碗

碗体瓷胎轻盈，内容较深，加盖设计完美融合了景瓷之传统与实用之创新，兼具防尘与保温之功能。盖、碗配套红梅装点，粉润而不失素雅，尽显宁静祥和的艺术韵味。

釉下红梅大汤勺

勺面平阔，勺柄纤致，轮廓圆滑而均匀流畅。汤勺内壁铺以红梅翠竹嫁于寒枝之上，勺柄又轻点梅花一朵，遥相呼应，可谓构思巧妙，匠心独具。

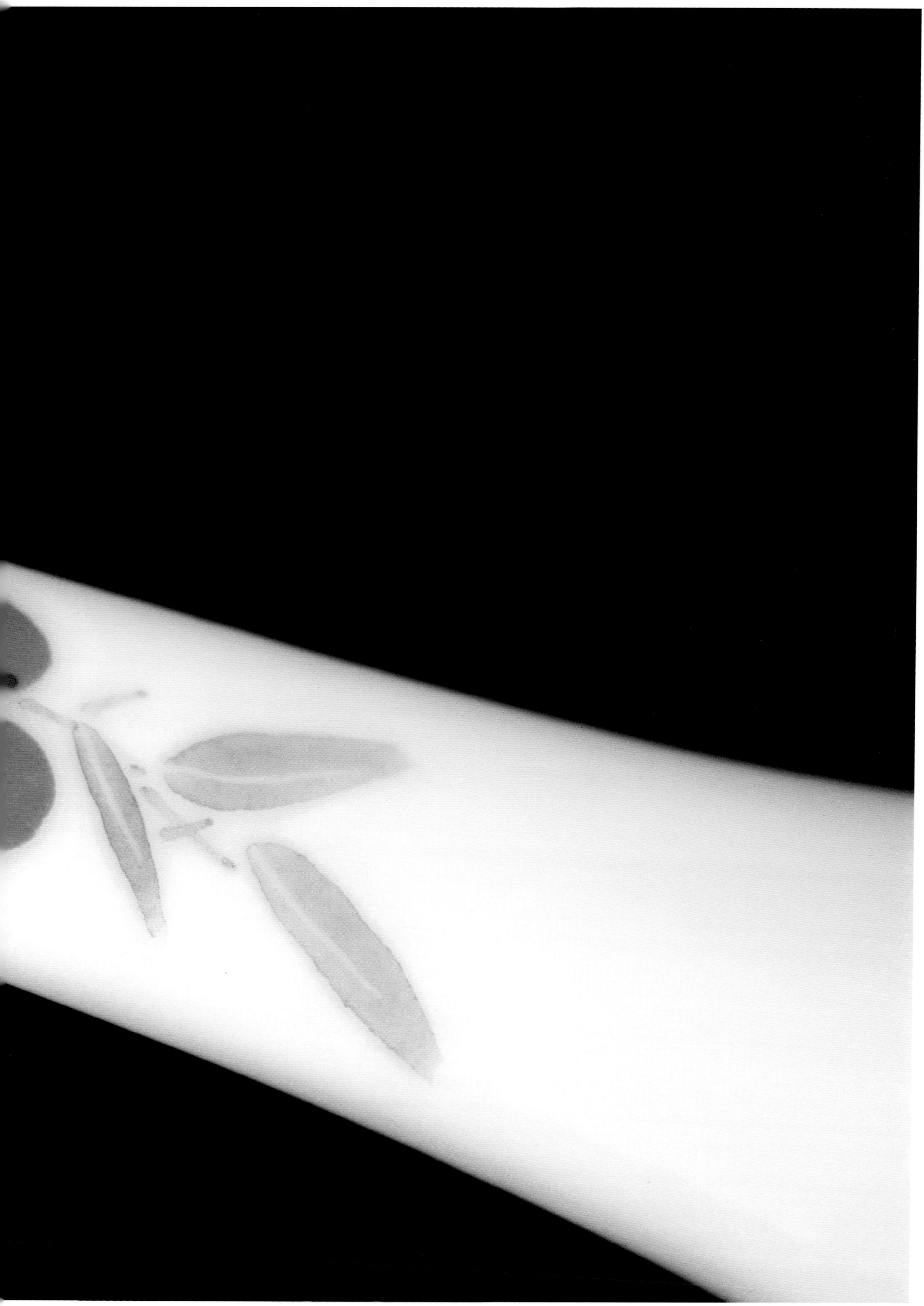

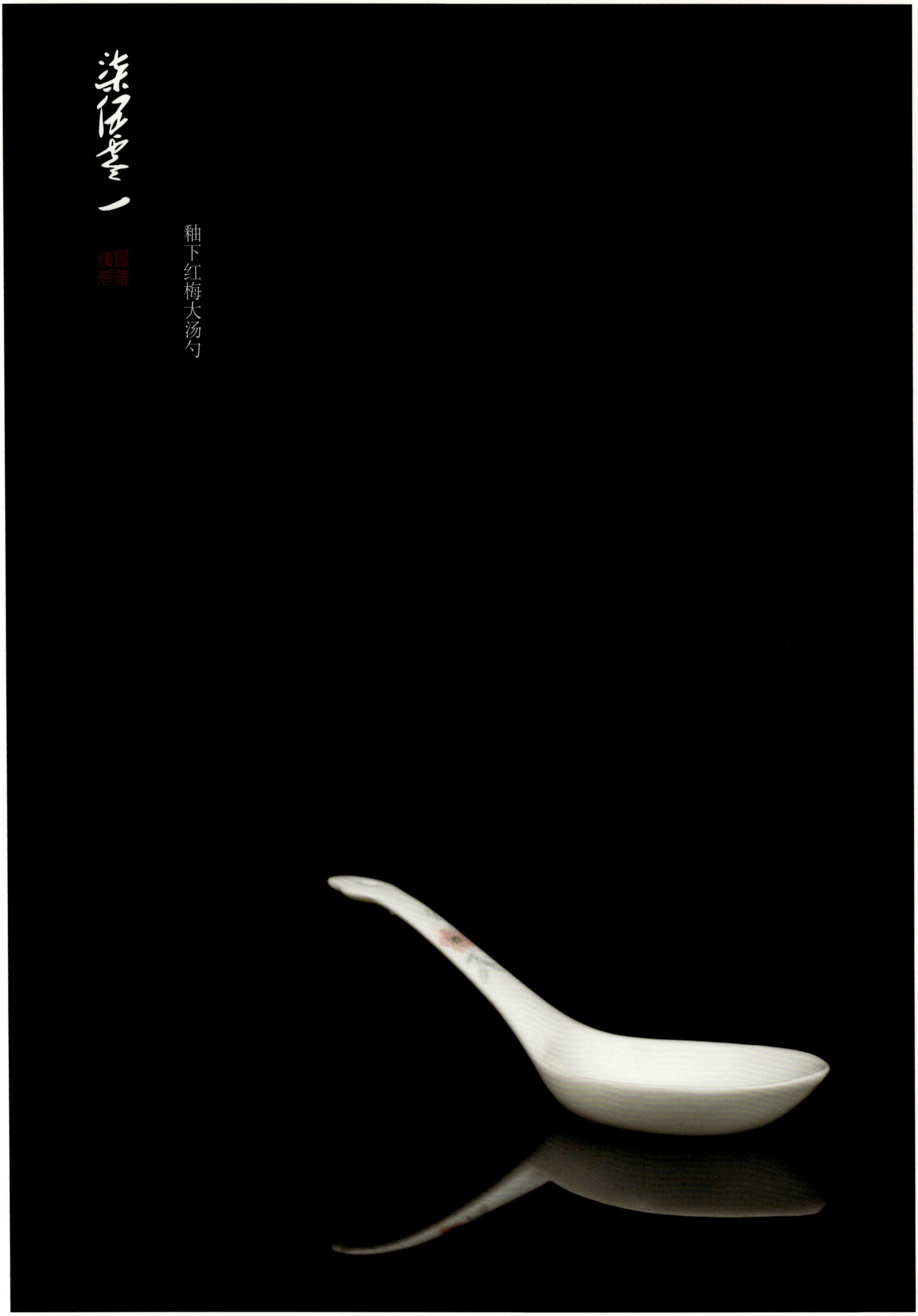

釉下红梅大汤勺

釉下红梅饭鼓

大容量饭鼓配套鼓盖，鼓身平衡粘接双耳，整体呈现圆润规整之感，同时又融美观与实用于一体。器面与盖面均绘以翠竹红梅为饰，花面相互呼应，尽显素雅大气。

柒佰叁一

釉下红梅饭鼓

釉上翠竹红梅品锅

釉面通体滋润莹白，器身与盖面均绘制盎然开放的红梅，枝、叶、梅排布得错落有致，遥相呼应。器身双耳与口沿平行，无缝粘接，加之完美契合之盖，整体之美一气呵成，庄重而典雅。

釉上翠竹红梅品锅

釉下勾边红梅品锅

七律·答友人

九嶷山上白云飞，帝子乘风下翠微。
斑竹一枝千滴泪，红霞万朵百重衣。
洞庭波涌连天雪，长岛人歌动地诗。
我欲因之梦寥廓，芙蓉国里尽朝晖。

友人

九嶷山上白云飞，
帝子乘风下翠微。
斑竹一枝千滴泪，
红霞万朵百重衣。
洞庭波涌连天雪，
长岛人歌动地诗。
我欲因之梦寥廓，
芙蓉国里尽朝晖。

柒佰零一

景德鎮製

釉下芙蓉双面对画碗

采桑子·重阳

人生易老天难老，
岁岁重阳。
今又重阳，
战地黄花分外香。
一年一度秋风劲，
不似春光。
胜似春光，
寥廓江天万里霜。

釉下菊花窝盘

七律·登庐山

一山飞峙大江边，
跃上葱茏四百旋。
冷眼向洋看世界，
热风吹雨洒江天。
云横九派浮黄鹤，
浪下三吴起白烟。
陶令不知何处去，
桃花源里可耕田？

登庐山

一山飞峙大江边，
跃上葱茏四百旋。
冷眼向洋看世界，
热风吹雨洒江天。
云横九派浮黄鹤，
浪下三吴起白烟。
陶令不知何处去，
桃花源里可耕田？

柒保堂一

景德镇制

釉上水点桃花窝盘

卜算子·詠梅

風雨送春歸，
飛雪迎春到。
已是懸崖百丈冰，
猶有花枝俏。
俏也不爭春，
只把春來報。
待到山花爛漫時，
她在叢中笑。

柒伍零一

景德镇製

釉下红梅窝盘

柒伍壹一

景德鎮製

釉下红梅毛巾碟

柒佰壹一

景德镇製

釉上翠竹红梅窝盘

柒佰零一

景德镇制

釉下红梅点心碟

釉上翠竹红梅点心碟

釉上水点桃花点心碟

柒伍叁一

釉下酱油碟试样品

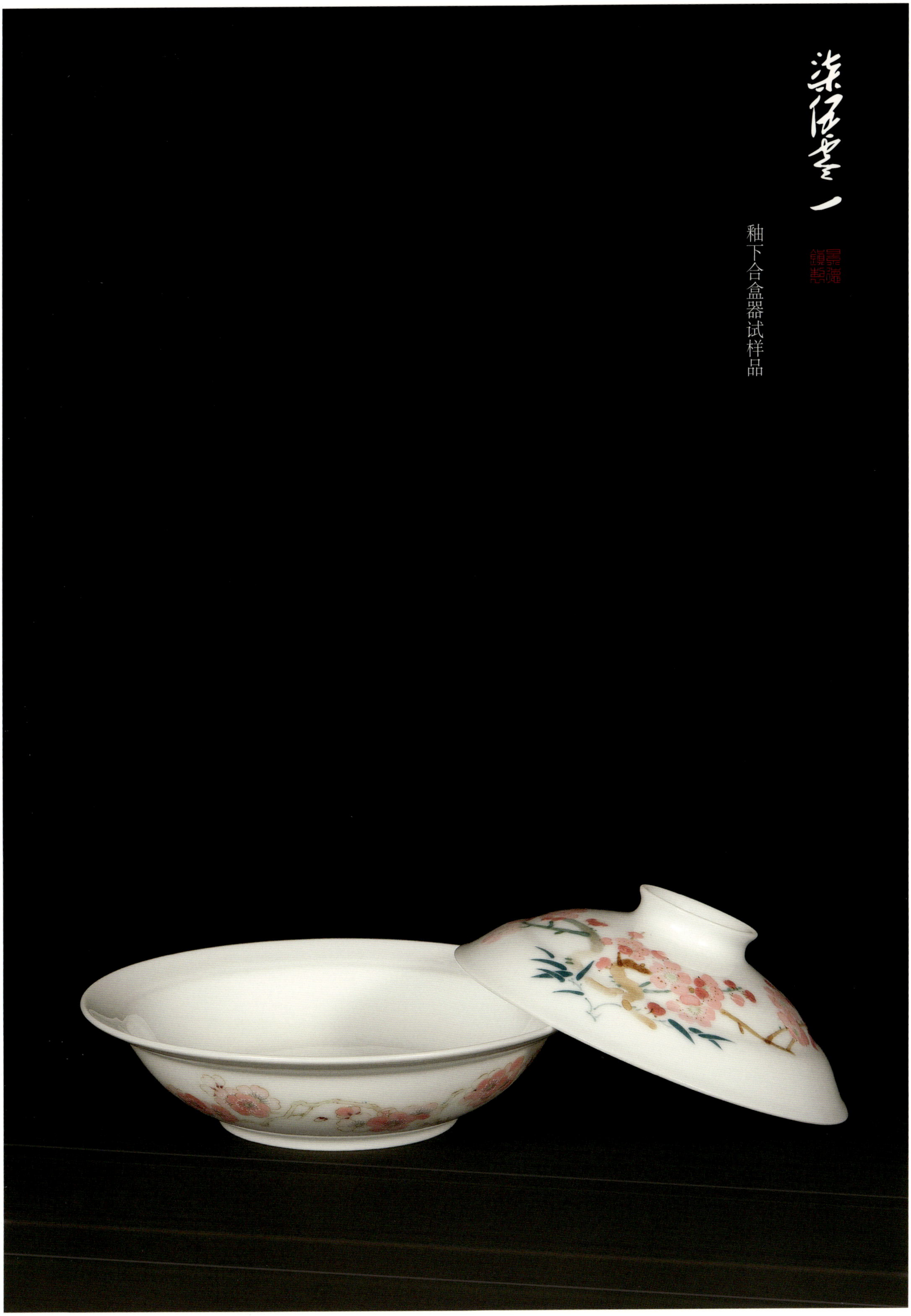
釉下合盒器试样品

釉下红梅盖碗

瓷碗釉质细腻润白，碗盖与碗身契合得精密不苟，线条饱满流畅。器面缀以红花翠叶，顺枝而生，富蕴灵气与美感于白釉之中。

景德鎮製

釉下红梅盖碗

柒伍壹一

景德镇制

釉上翠竹红梅盖碗

釉上翠竹红梅盖碗

釉上水点桃花合盒器

合盒器腹鼓而扁，器身外延宽平，切合器盖周密吻合，浑然一体。釉面如冰似玉，点花清新素净，虬枝苍劲环绕，衬以莹脂幽靓典雅，庄重大气尽收巧工之间。

釉上翠竹红梅合盒器

釉下勾边红梅合盒器

釉下红梅合盒器

釉下红梅水果托

笑傲人间之红梅顺沿盘周盛开，纹饰布局疏密有致，通体白釉润泽柔和。器型规整，盘面光洁，高足细致而稳固，颇具质感，轻轻敲击，声鸣悦耳。

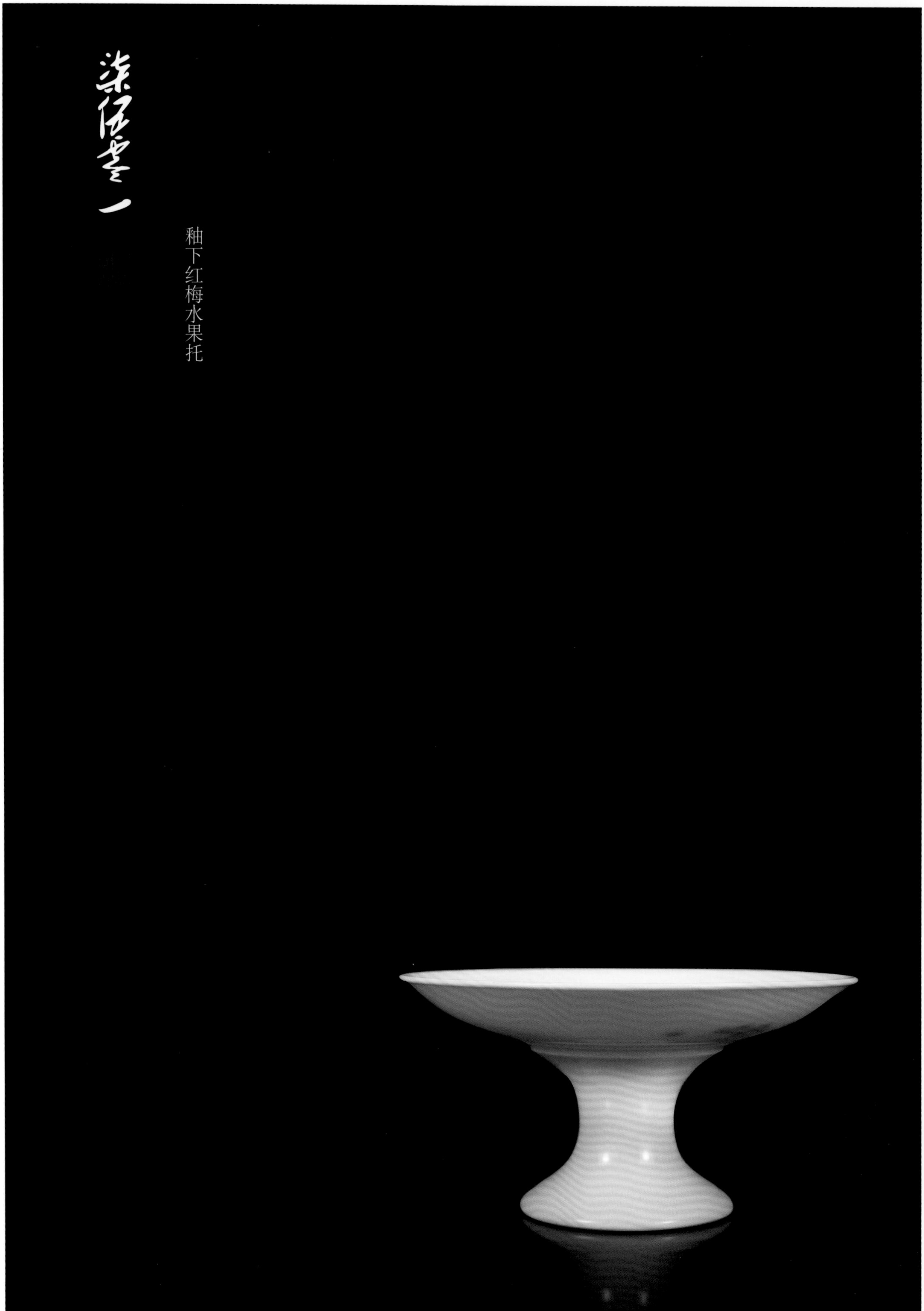

柒伍壹一
釉下红梅水果托

釉下红梅茶壶

壶面画工精细，绘以一株迎寒怒放之傲梅，水粉欲滴。茶壶器型规整，壶身与壶盖子母口完美契合，壶柄、壶肩、壶嘴水平一线，配以圆形珠钮，整体呈现饱满丰盈之感。

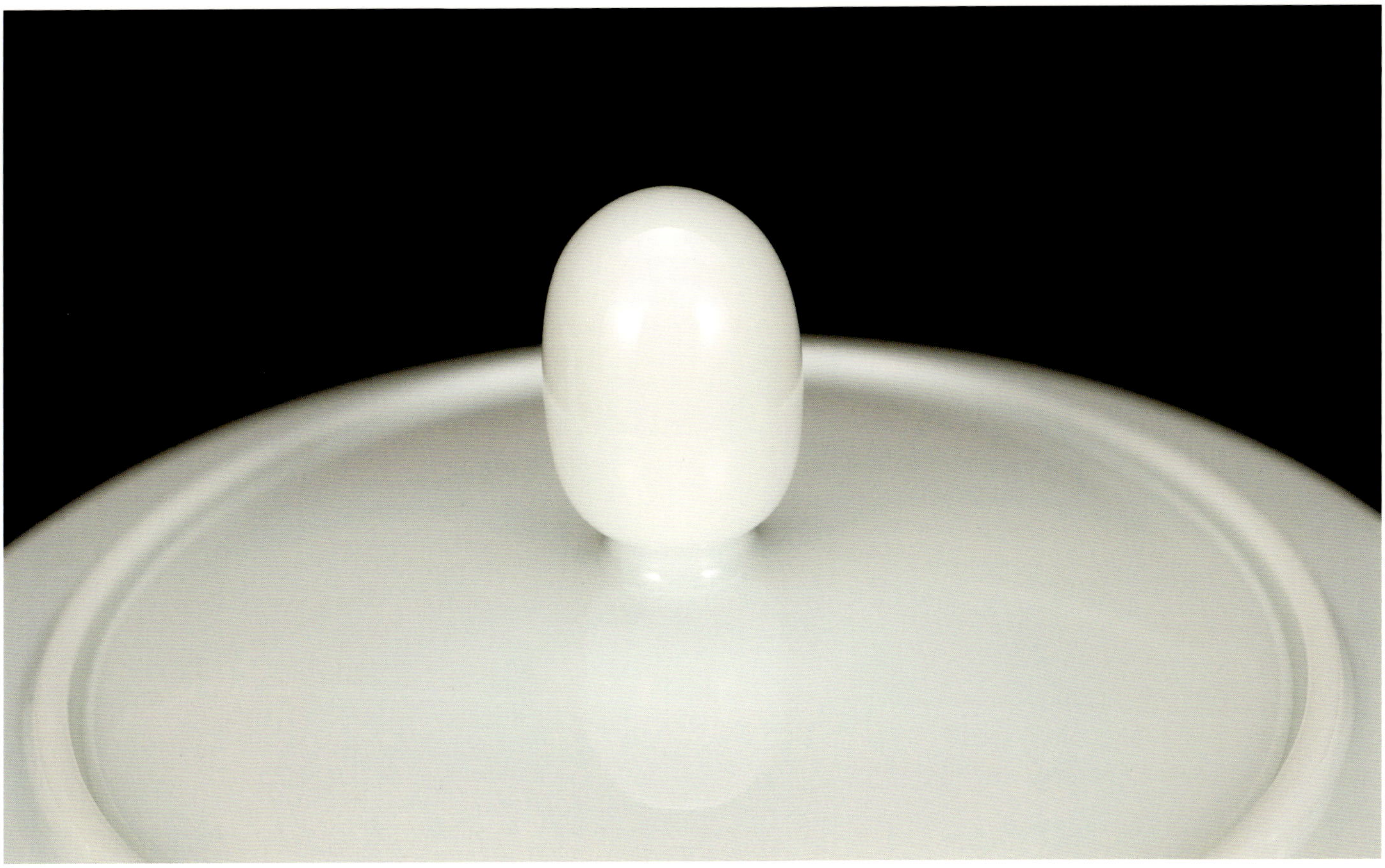

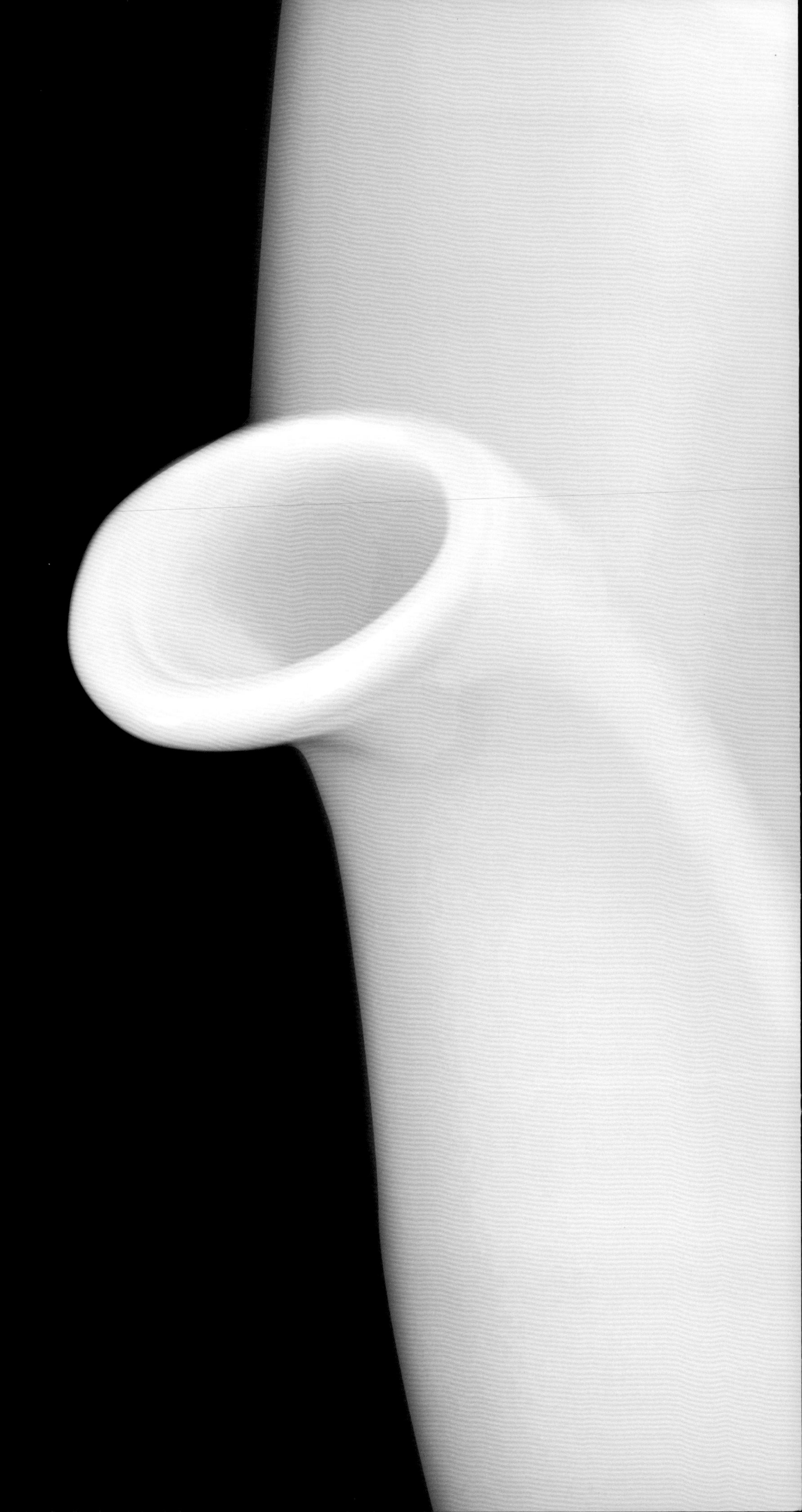

柒佰壹一

景德
镇艺

釉下红梅茶壶

釉下红梅茶杯

杯身光滑圆润，瓷胎玉白，杯盖缀以珠钮，大气而不失精致，杯柄纤巧，别致细腻。杯身与杯盖上配套绘制的梅枝，衬于白釉之上，大气庄重又不失典雅浪漫，同时，红梅翠竹之清新亦使人聊舒倦意。

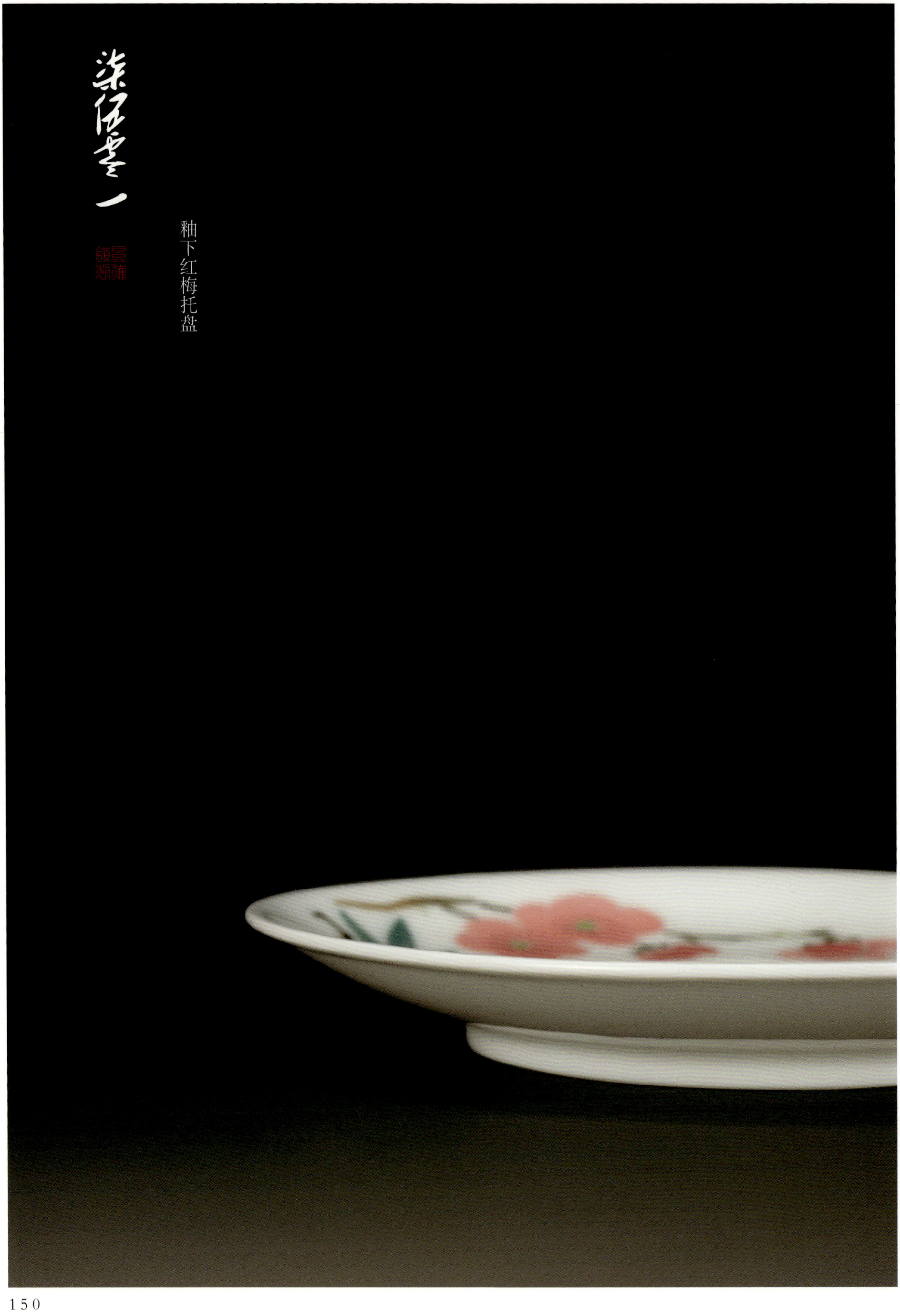

釉下红梅托盘

釉下红梅茶杯

釉下红梅异形烟缸

器型四角光洁呈方，敞口斜靠呈圆，造型独特。花面设计巧妙，不仅器身四周绕有水点梅花纹饰，顶面两烟槽之间更特意绘制一株红梅连接，别具匠心，情趣盎然。

釉下红梅烟筒

罐盖罐体完美相接，瓷器通体线条流畅，瓷胎质感上乘，绘以釉上水点梅花纹饰于罐身及罐顶，粉润欲滴，相得益彰。

釉下红梅烟筒

釉下红梅笔筒（大号）

上下直口的器型衬出其瓷胎之细腻、色泽之温润，器周身绘水点梅花纹饰，报春红梅尤显诗情画意，彰显了实用与艺术的完美统一。

釉下红梅笔筒（大号）

釉下红梅笔洗（大号）

器身扁圆且鼓腹，腹内釉面晶莹润泽，器口内收，外壁光滑如玉，缀以半周梅枝缠绕，凸显其弧圆轮廓，宁静素雅之中更透出几分诗情画意。

柒伍叁一

景德镇制

釉下红梅水盂

出水芙蓉，衬以清涟翠叶，娇润芳华于碧水之上。荷瓣展出满池清凉芬芳，蕊心含羞若隐于浓淡之间，层次分明，尽显鞭蕖古朴与宁静之意境。

桃花辅以翠叶，娇生枝头，没骨绘制的花朵，怒放中不见轮廓。水点花瓣润泽饱满，随生嫩叶清丽纤巧，色彩粉润，花叶立体，生机难掩且富蕴宁静与祥和。

晶莹润泽的釉面白如霜雪，仿佛腊梅傲骨凌霜之景。诗意缠绕着虬枝，枝头点放朵朵红梅，时而相拥成簇，时而独寒傲立，艳不相争，疏密得当，浪漫诗意沁浸于点绘之间。

菊君迟开让群芳，颇具君子气度又不失丰姿绰约。菊蕊包裹于层层内瓣之中，伴随外瓣周布怒展，线条流畅，色泽粉润，淡雅清丽之间更显菊之礼让三先，与世无争。

7501 毛泽东主席专用瓷
大事年表

一、1975 年初
江西省委、景德镇市委按中共中央办公厅要求，为毛泽东主席生产一套既能保温又能防尘、容量合适的生活用瓷。中国轻工部陶瓷研究所接受了这个任务，将该任务列为本所 1975 年第一号任务，取代号“7501”，集中 40 余位陶瓷艺术家研制设计。
二、1975 年 3 月～ 4 月
“7501”设计样稿送中央办公厅审查，由原中央办公厅主任汪东兴选中由陶瓷艺术家汪桂英设计的器型，由彭兆贤设计的翠竹红梅和由江西省工艺美术大师刘平、徐亚凤设计的水点桃花两种图案，交景德镇由中国轻工部陶瓷研究所生产。
三、1975 年 5 月 25 日～ 1975 年 8 月 31 日
中国轻工部陶瓷研究所共烧制 22 窑共数千件“7501”毛泽东主席专用瓷。
四、1975 年 9 月
挑选出近千件“7501”毛泽东主席专用瓷通过江西省委警卫处送达北京中南海。其余产品全部封存仓库。
五、1975 年 9 月～ 1976 年 9 月
毛泽东主席使用了“7501”专用瓷一年。由于器型设计合理，花面美观大方，瓷质洁白如玉、晶莹剔透，毛泽东主席在使用中十分满意。
六、1980 年春节前夕
中国轻工部陶瓷研究所将封存在仓库的“7501”毛泽东主席专用瓷作为职工福利分发给全所职工。“7501”毛泽东主席专用瓷流入民间。
七、1980 年～ 1992 年
当时在江西省标准局主管陶瓷质量监督的马晓峰开始收藏流散民间的“7501”毛泽东主席专用瓷及有关的原始资料。直至 1992 年，通过各途径共收集 600 余件“7501”毛泽东主席专用瓷。
八、1992 年 8 月
马晓峰收藏的部分“7501”毛泽东主席专用瓷首次在新加坡文物馆女皇厅展出，引起国内外收藏家的关注，从而引起“7501”毛泽东主席专用瓷第一次收藏热。
九、1994 年 12 月
马晓峰收藏的部分“7501”毛泽东主席专用瓷在马来西亚吉隆坡展出。
十、1996 年 9 月
文莱皇室成员欲高价收藏马晓峰全部“7501”毛泽东主席专用瓷；马晓峰表示了不愿使瓷器流落海外，并希望将来该套“7501”毛泽东主席专用瓷能最终陈列于中国的博物馆。
十一、1996 年 12 月
北京太平洋国际拍卖行将其征集到的 80 余件“7501”毛泽东主席专用瓷公开拍卖，成交价高达 800 余万人民币，引起世界舆论界的巨大反响，从而引发第二次“7501”毛泽东主席专用瓷收藏热潮。
十二、1997 年 5 月
马晓峰收藏的部分“7501”毛泽东主席专用瓷首次在香港大会堂公开展览，并发行“7501”毛泽东主席专用瓷珍藏电话磁卡（庆祝香港回归系列 4-4）。
十三、1997 年 12 月
湖南国际拍卖行将其征集到的 90 余件“7501”毛泽东主席专用瓷公开拍卖，成交价达 1143 万元。
十四、2000 年 6 月
马晓峰收藏的部分“7501”毛泽东主席专用瓷首次在四川成都艺术中心公开展览。
十五、2000 年 9 月 4 日
汪东兴会见了“7501”专用瓷著名收藏家马晓峰并为中央文献出版社即将出版的《7501 毛泽东主席专用瓷溯源与图录》一书题写了序言，第一次详细谈到当年为何要为毛泽东主席特制瓷具的原因及毛泽东主席使用的“7501”专用瓷的详细情形。
十六、2000 年 9 月 12 日
“7501”毛泽东主席专用瓷鉴定委员会成立，主任委员刘平，委员王锡良、戴荣华、汪桂英、舒惠娟、张炳祥、马晓峰、黄万凯；秘书长马晓峰（兼），副秘书长张炳祥、黄万凯。
十七、2001 年 9 月
马晓峰收藏的部分“7501”毛泽东主席专用瓷首次在江苏南京公开展览。
十八、2002 年 3 月
马晓峰将其收藏的全部“7501”毛泽东主席专用瓷及其原始资料在公证局的公证下转让给上海爱国企业家全资筹建的张稻房博物馆，并举办研讨会。
十九、2002 年
《收藏》杂志第七期对“7501”研讨会作了详细报道。
二十、2006 年 10 月
“7501 毛瓷”经三个月的严格审核后赴日本巡展，这是国家文物局首次批准民间藏家藏品出国巡展。
二十一、2006 年 10 月
由东京国立博物馆及朝日新闻社主办，“7501 毛瓷”在日本展开为期一年的巡展。

资料选摘自《7501 毛泽东主席专用瓷大事年表》

7501 毛瓷

中国民间藏家藏品首次出国巡展意义非凡

2006年10月～2007年10月，由东京国立博物馆及日本朝日新闻社等四家单位联合主办的“景德镇千年展”在日本岐埠县盛大开幕。其中，稻房藏“7501毛瓷”在日本岐埠县现代陶艺美术馆、赴茨城县陶艺美术馆、山口县立荻美术馆、东京市涉谷区立松涛美术馆巡展一年，得到了日本专家学者的肯定及好评，并被誉为“千年景德镇的结晶”。这是中国民间藏家藏品首次经国家文物局批准出国巡展，其所受到的重视程度及其示范带动作用，具有里程碑式的意义。

作为这次巡展的主办方之一，日本朝日新闻社在2002年7月8日头版整版报道了“7501”毛泽东主席专用瓷器。这是“7501毛瓷”首次在日本媒体上亮相，引起日本人的极大兴趣。此后便开始了长达三年的邀请“7501毛瓷”赴日展览的策划和洽谈活动。

在为期一年的巡展中，日本主办方还多次策划了有关“7501毛瓷”的学术研究会，邀请中日近百名知名陶瓷专家和艺术界人士参加。作为此次巡展的策划组织者，朝日新闻社成功地将“7501毛瓷”介绍给日本广大读者，同时，也凭借此次契机进一步加固了中日之间的友好桥梁。

“7501”瓷之韵

“毛瓷”四绝：白如玉，景德镇独有的临川高岭土，烧制瓷器晶莹剔透，洁白如玉；明如镜，瓷器表面光滑莹亮，如镜面般泛银青色光芒；薄如纸，瓷器壁厚不足毫米，以光线照射几乎透明，注入开水亦无烫手之感；声如磬，以手指轻轻扣敲瓷器，其声清脆悦耳，有如磬乐音。

当年“7501毛瓷”的设计者刘平设计了“水点桃花”的装饰纹样，他借鉴中国画的写意没骨形式，先用玻璃白水点花瓣，画出花形（不用勾勒花头轮廓线），再用水调彩料，在玻璃白上进行第二次点染，下笔准确、轻捷，达到花头娇嫩的效果，清新脱俗，工艺不凡。毛主席对这个花饰非常满意，亲点“水点桃花”方案，作为陪伴自己左右的专用瓷器。从此，“水点桃花”也被专用来指代“毛瓷”。

在绘图工艺上，毛瓷采用了无骨画和分水填色。无骨画：在精胚上用墨线勾画轮廓，墨线在烧制过程中达到一定温度即可自然消失，称为无骨画。分水填色：墨线中含有一种乳香油成分，在填色过程中能根据墨线轮廓将颜色自然分开，称为分水填色，采用分水填色，画面层次感强，颜色干净，不会出现 “脏色”现象。主席用瓷，生气盎然，枝叶疏密有致，花朵大小各异，着色有轻有重，胎细釉润，明快老练，颇具大家风范，当是中国20世纪制瓷工艺的最高水平。

这套瓷器的外饰在风格上力求简洁、典雅、端庄，线条流畅优雅，器型饱满，古朴大方。“7501”瓷是全手工制作，造型统一。其特点是传统、饱满、加工精细到位。器物上装饰的“翠竹红梅”构图别致。花头的正、侧有度，花苞分布得体。整个画面的造型是由老艺术家黄海云、舒松水勾勒，姿态各异，形态生动。花头、叶子的混水出自老釉下装饰艺术人员之手，用色浓淡转折相宜，前后有空间感。枝杆用色老嫩有度，花丝、花蕊错落有致，整个画面素洁、高雅。

“7501” 瓷之义

关于“7501毛瓷”的定义，实际上来源于当时的工程代号。“7501毛瓷”是一批特制的瓷器，不能再生再造，也肯定不存在其他带“7501”款识的毛瓷。“7501毛瓷”具有如下几个方面的要素：

1. 时间，是在1975年1月～9月之间生产的或者试制的。

2. 制造者，是轻工部陶研所7501工程项目组，而不是某个个人或几个人，也不是轻工部陶研所。

3. 用途上，是为当时的中共中央主席毛泽东专门设计、制造的生活用瓷。也有人认为，通过挑选后送到中南海的才算毛瓷。但是，把毛瓷概念限定在为毛主席专门设计、制造这个范围，更为全面，更为科学。

4. 形制上，既有送往中南海的成套优质品，也有留在陶研所的剩余品种；既有成品，也包括试制品和瓷片；既包括瓷器，还应该包括图纸、工具和原料等。

通过以上分析，我们可以给“7501毛瓷”下定义：1975年1月～9月间，轻工部陶研所7501工程项目组专门为毛泽东主席设计、制造的生活用瓷及相关物品。归纳起来，“7501毛瓷”的收藏价值包括有特点的文化价值、丰富的收藏因素和极少的存世量三个主要因素。

“7501”瓷之色

这套瓷器的外饰在风格上力求简洁、典雅、端庄、稳重，有中国特色，线条流畅优雅，器型饱满，古朴大方，达到了艺术与实用的完美统一。众所周知，陶瓷装饰有釉上彩和釉下彩两种。釉上彩是将铅作为溶剂，故铅含量很高。国际卫生检验标准规定，日用瓷铅的溶出量不得超过百万分之五，而最早的“7501”瓷具釉上粉彩瓷的铅含量有的高达百万分之三十到百万分之六七十，根本不符合国际卫生标准。釉上彩组充分发挥集体的智慧，反复试验，终于克服重重困难，使全套瓷具达到了国际卫生标准。

“7501”瓷釉上彩装饰组汇聚了当时陶研所的艺术精英。器具画面有水点桃花或水点梅花，正式绘制采用流水作业线，把水点程序按步骤划分为：拍图、点玻白、点洋红、画枝干、画叶、点托、结果（点蕊）、填色、贴底款、检查下位、烤花等。全过程由老少艺术家分工合作，很顺利地完成了任务。

釉下彩装饰一般被覆盖在釉层底下，经1400℃高温烧结后，瓷器釉面抗腐蚀性强，装饰色彩中无有害元素溶出，是最为理想的陶瓷装饰。“翠竹红梅”的制作是流水作业。13位艺术家分工合作，配合默契，既紧张又愉快，那段经历让他们终生难忘。“翠竹红梅”的制作初期，绘制红梅的色素是用“7501”的釉来调配的，烧成后，桃红色产生微裂丝纹，当时有人认为是自制的锰红色有问题，于是改用湖南的锰红、景德镇瓷用化工厂的锰红，最后用西德进口的锰红，经试用后均同样会产生微裂丝纹现象，最后还是经过调整烧制过程解决了这个问题。事后才得知，湖南早就有了解决这个问题的成功方法。在制作12厘米芙蓉对花碗时，为了使芙蓉花叶子的颜色发色有厚重感，采用了两种绿色叠用的方法，即用湖南的釉下青松绿和釉下复色分水绿叠用试照子。实验组人员在实际工作中实验发现，烧成温度过高会降低釉的粘度，于是不断调整烧成温度，反复实验，才顺利地按时完成了“7501”任务。

“7501”瓷之制

陶瓷是火的艺术。“7501”瓷的烧制是整个流程的关键。不同的烧成温度与不同的升温曲线，会取得不同效果。陶研所领导确定“7501”瓷烧成温度为1390℃至1400℃。当时没有能耐如此高温的匣钵，故此成为最大难题。为了满足要求，需要在匣钵配方基础上增加15%的氧化铝。氧化铝是能耐2050℃高温的粉状材料，粘性差，成形困难。后在大家的努力下才解决耐高温的匣钵问题。

景德镇的高白釉瓷一般是由高岭土、长石、石英制成。确定它的烧成温度是根据配方中的硅、铝含量与碱金属与碱土金属含量之比，通过计算来确定；正常的情况下，一般高白釉瓷烧成温度为1300℃～1350℃。这是根据坯体的高温收缩趋于稳定在某范围内而定的。“7501”瓷锁定于一个新的烧成温度和烧成制度：蒸发期为常温～400℃，氧化期为400℃～1030℃，还原期为30℃～1240℃，成瓷期为1240℃～1390℃；升温到达1380℃时，升温采用特殊办法，保温2小时直至达到1400℃。

“7501”瓷的10名烧制人员夜以继日地精心操作，防备因不小心而倒窑。这样，由1975年5月25日初烧出第一窑，直至1975年8月31日，共烧22窑，制出14103件瓷器，合格率为30%左右，实际成品为4200件。

“7501”瓷之型

“7501”瓷全是手工制作的，但总体造型和精神面貌大体统一。更为难得的是，“7501”的原料配方是特制的，它的烧缩比例不同于其他泥料，必须不断地调试它的烧缩比，直至同审定成瓷尺寸、器型完全一致，才可以确定其成坯尺寸。另外，这种原料配方制成的坯胎在干燥后非常坚硬，加工难度极大。在克服了诸多困难后，才使得“7501”毛瓷胎体传统、饱满、加工精细到位，给人以精神熏陶和美感，但其造型及其厚薄是较难仿造的。器物口边转折入微，底脚直斜适中，造型的釉坝、涩坝严谨无粗野感。

御

图书在版编目（CIP）数据

7501毛瓷 / 陈梦编著.--上海：文汇出版社，2013.8
ISBN 978-7-5496-0938-3

Ⅰ. ①7… Ⅱ. ①陈… Ⅲ. ①瓷器—收藏—中国—1975—画册 Ⅳ. ①G894-64

中国版本图书馆CIP数据核字(2013)第137542号

7501毛瓷

编　　著 / 陈　梦
责任编辑 / 文　荟
策　　划 / 上海渤洋广告传播有限公司
文　　字 / 王昳卉
摄　　影 / 李仕焕
装帧设计 / 吴　军

出版发行 / 文匯出版社
上海市威海路755号
（邮政编码200041）
印刷装订 / 上海雅昌彩色印刷有限公司
版　　次 / 2013年8月第1版
印　　次 / 2013年8月第1次印刷
开　　本 / 889 × 1194　1/16
印　　张 / 12
字　　数 / 10千

ISBN 978-7-5496-0938-3
定　　价 / 280.00元